きみが だいすき 1・2・3

脳が喜ぶ 親子の指さし コミュニケーション

英語・日本語3語文

文・絵／
あいば しづか
AIBA Shizuka

文芸社

はじめに

　この絵本は、私が運営する「小さなことばの教室」で学ぶ自閉スペクトラム症をはじめとした発達障がいや特性により言葉を学習することが困難な子どもたちと、ご家族のコミュニケーションを繋ぐために生まれました。光や音など刺激を敏感に受けやすい特性を持つ子どもたちにとって、日常は意識が散漫しやすいため、言葉の習得に不可欠な「視覚と聴覚の一致」を難しくさせてしまっています。そんな子どもたちがいつも同じものを見聞きでき、そして誰でも子どもたちに安定的に同じ刺激を繰り返し与えられる方法が絵本でした。どんな時代にも、子どもたちは家族や身近な人の笑顔やぬくもりに安心感を求めていて、そんな相手にこそ伝えたい思いがたくさんあるのです。

　また療育に限らず、我が子に英語などの言語を学んでほしいと、塾に通わせる親も多いと思います。それでもなかなか話せるようにならない理由として「失敗を恐れている」「言葉を繰り返すチャンスが少ない」「伝えたいことと学んでいることがかけ離れている」など、実は療育と教育には共通点が多いのです。完璧ではない自分でも「理解したいと聴いてくれる人がいる」という安心感や「なんとなく伝わった」という小さな成功体験を増やすことが言葉や脳をさらに成長させてくれます。

　この絵本がつい完璧を求めてしまう大人たちのハードルを下げ、子どもたちがもっと気軽に挑戦したくなる、そんな瞬間を生み出すためのプレゼントになれたら嬉しいです。そして、絵本という世界で共に学ぶことで、療育と教育がより身近に感じられる社会になっていくことを願っています。

■ この絵本の使い方

①英語を学びたい人は上から順に絵や言葉を指差しながら読んでいこう。
　　まずは、青の文字は気にしないで大丈夫。
②日本語を学びたい人は下から順に絵や言葉を指差しながら読んでいこう。
③覚えさせようとせずに、毎日少しずつ繰り返そう。
④成長に合わせて自分だけのスモールステップで楽しもう。
　　（例）「一緒に見るだけ→一緒に指差し→一緒に言う→子どもだけで読む」
⑤子どもたちが興味を持ったページから読めばOK。興味がなさそうなときは
　　近くで大人が楽しそうに読むだけでもOK。
⑥疲れている日は決して無理をしない。いさぎよくタイトル「きみがだいすき
　　１・２・３」だけを読んで寝よう。この言葉を聞くだけで子どもたちは安心

して、また明日も頑張れる。
⑦あまりルールにとらわれないこと！

■ ワーキングメモリーは子育ての救世主

　この絵本は繰り返し読むことで、新しいことを学んだり、言葉を学ぶ時に使う脳の「前頭前野（人間脳と言われることもある部分）」を鍛えてくれます。ここに知識を入れたり、出したりを繰り返すことで「ワーキングメモリー」といわれる短い間に覚えていられる力が高まり、脳は「我慢をしたり、自分の動きをコントロールする」ことを学びます。そして、自分で考えて問題解決ができるようになっていきます。この働きが未熟な子どもたちは、困難なことに出会うと、泣いたり怒ったりして、周りの注目や助けを得ながら、何とかその問題を解決しようとします。つまり、言葉だけでなく、親子の日常の困りごとを減らしていくためにも、ワーキングメモリーを鍛えることが効果的なのです。ワーキングメモリーは生まれた瞬間から鍛えられ、そこで多く繰り返された情報が、生きていくために必要な情報として「海馬」に保存され、「長い間覚えていられる記憶」に変わっていきます。

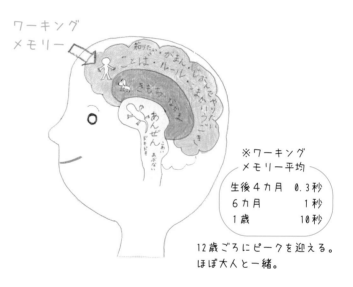

※ワーキングメモリー平均

生後4カ月　0.3秒
6カ月　　　1秒
1歳　　　　10秒

12歳ごろにピークを迎える。
ほぼ大人と一緒。

■ 人間脳の成長を促すカギは「安心感」と「共感力」

　日常で意識したいのは、脳の土台作りです。脳は、本能的に「安心・安全」であることや、「仲間と気持ち」を共有して幸せに生きることを求めています。一方、不安や失敗に敏感な子どもたちは「危険や不安を感じる部分が大きい」といわれています。家でできることが増えても、外ではできないなど、不安からくる失敗経験も増えてしまいがちです。もし、我が子が何かに怖がっているなら「ゆっくり、ゆっくり、大丈夫」と脳が安心できるまで励まし続けてあげてください。急がば回れ。今は土台作りの期間だと思えば、うまくいかない日常にも価値がある気がしてきます。

この本を読んでくれる大人の方へ

ねぇ、ぼくの声が聞こえる？
ぼくは、子どもたちの脳。
体をうごかす運転手なんだ。

生まれたばかりのころ、ぼくはとっても忘れん坊だった。
生まれてから１８０日ぐらいのときはたったの１秒、
１歳ぐらいのときには１０秒。
そんなふうに少しずつ、前のことを覚えていられるようになったんだ。

それはね、あなたが大切な時間とひきかえに
ぼくと向き合ってくれたから。何度も教えてくれたから。

ぼくが成長して、体を上手に運転できるようになるとね、
ごはん、おきがえ、おふろに、トイレ。それから気持ちを伝えること。
子どもたちは、できることが１つずつ増えていくんだ。
こうやって、困ったときに自分でできることがたくさんあるということが
「あたまがいい」ってことなんだ。

ぼくもいつか、そんな立派な運転手になりたいから
あなたにはぼくの秘密を教えるね。
それはぼく、つまり子どもたちの脳は、あなたが思うより
もっともっと「こわがり」だということ。

ぼくは、できればいつも同じ「安心できること」だけをしていたい。
新しいことや初めての場所、苦手なことや難しそうなことに出会うと
こわくて、泣いたり、怒ったり、逃げ出したくなったりしちゃうんだ。

子どもたちはいつも「変わりたい・成長したい」って願っているのに
こわがりなぼくが邪魔をして、とってもはずかしくなることもある。
でもね、大切なあなたには知っていてほしいんだ。

逃げることはぼくが危険をさけて
安全に生きていこうとする強さでもあるということを。
不器用だけどぼくは毎日、必死に生き抜こうとたたかっているんだ。

今はまだ、そんなこわがりなぼくだけど
こわさにも勝てるように成長できる方法があるんだ。
それは、今はどんなに下手でも、どんなに不安に思うことでも
「安心できるまで何度も何度も繰り返す」ことなんだ。

そう。あなたが子どもたちのために毎日当たり前にしてくれたこと。
それがぼくを成長させてくれるたった１つの魔法だったんだ。

うまくいかないときにも「ゆっくり、ゆっくり、大丈夫」。
そう信じてはげましてくれるから、またがんばるための勇気がわいてくる。
そんなあなたとの日常がぼくを強くしてくれるんだ。

だけどね、ぼくは知っているよ。
本当はあなただってとてもこわがっていること。不安だということを。
ただただ繰り返すこの日々が、すぐに結果の見えないこの努力が
大切なわが子のためになっているのだろうか。
こんなやり方で本当にいいのだろうか。
毎日悩んで、迷って、また悩んで。

それでも子どもたちのために強くいようと
自分のこわさや弱さにふたをして、気付かないふりをして
必死でたたかってくれていることを。

不器用なぼくだけれど
いつもあなたに伝えたい。
「ありがとう、だいすき」

子どもたちの声が、想いが、
この絵本を通して少しでもだいすきなあなたへ届きますように。

ぼくは　きみの　のう。
きみの　からだを　うごかす　うんてんしゅ。
さあ、ぼくと　いっしょに　ことばの　せかいへ　しゅっぱつだ。

まずは　あんしんできる　ばしょで　だいすきな　ひとと
「いっしょの　ものを　みてみよう」

はなすこと　だけが　ことばじゃないんだ。

きみが　みている　せかいを
だいすきなひとと「いっしょに　みる」ことだって
きみの　のうが　よろこぶ　たいせつな　じかんなんだよ。

ゆびを　さしながら　よんでもらうと
おなじものを　みやすいよ。

THANK YOU.

ありがとう。

PLEASE HELP.

てつだって。

I'M SORRY.

ごめんなさい。

STOP.

とまってね。

BE QUIET.

しずかにしてね。

HOLD HANDS.

てをつないでね。

YES.

はい。

NO.

いいえ。

じょうず。じょうず。よく　いっしょに　みられたね。

それじゃあ　つぎは　「いっしょに　さわってみない？」

いろいろな　ものに　さわるって　わくわく　するよね。

きみの　ては　「2ばんめの　のう」って　いわれるくらい
いろいろな　ものを　さわって　うごかして
おべんきょうしたい　っておもっているんだ。

「さわって」が　できたら　「さわらないで」も　やってみない？

なにかを　「しない」ように　とまれる　ってことは、
きみの　のうが　がんばっている　ってことなんだ。

だから、「しなかったこと」も　ほめてもらえると

きみの　のうは「がまんをすること」を　おぼえて

じぶんの　きもちと　むきあうことが
とても　じょうずに　なれるんだよ。

"Let's touch together!"

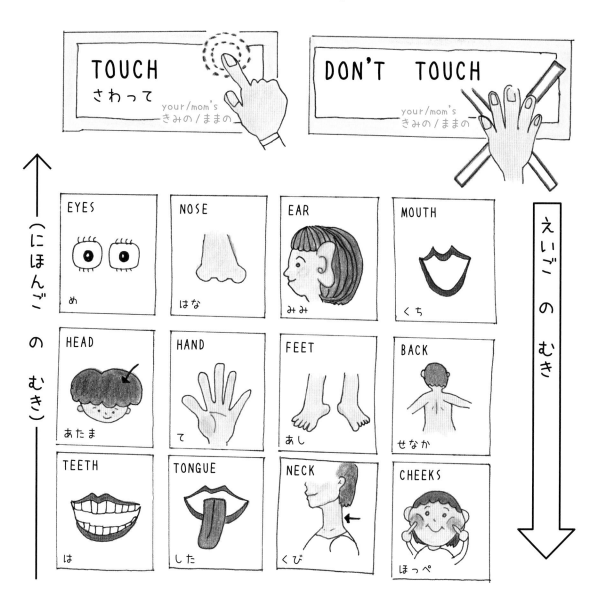

TOUCH
さわって
your/mom's
きみの/ままの

DON'T TOUCH
your/mom's
きみの/ままの

（にほんご の むき）

えいご の むき

EYES め	NOSE はな	EAR みみ	MOUTH くち
HEAD あたま	HAND て	FEET あし	BACK せなか
TEETH は	TONGUE した	NECK くび	CHEEKS ほっぺ

「いっしょに さわろう！」

うわ〜。きみは　じょうずに　てが　つかえるね。

さあ、　ここからは　きみのことを　つたえて
「だいすきな　ひとと　おはなしを　してみよう」

きもちや　こころの　なかって　ひとには　みえないから

きみのことが　だいすきな　ひとたちは
もっと　きみのことを　しりたいと　いつも　おもっているんだ。

まだ　すこし　「むずかしい」「はずかしい」なら
むりを　しないで　だいじょうぶ　だよ。
おとなのひとに　やってもらおう。

じょうずなひとを　みるだけで
きみの　のうの　なかの「かがみ」が　まねをしようとするから
おべんきょうに　なるんだよ。

だから　あせらず　ゆっくり。
きみの　はやさで　つづければ　いいんだよ。

だけど　やっぱり　「つたわる」って
うれしいよね。

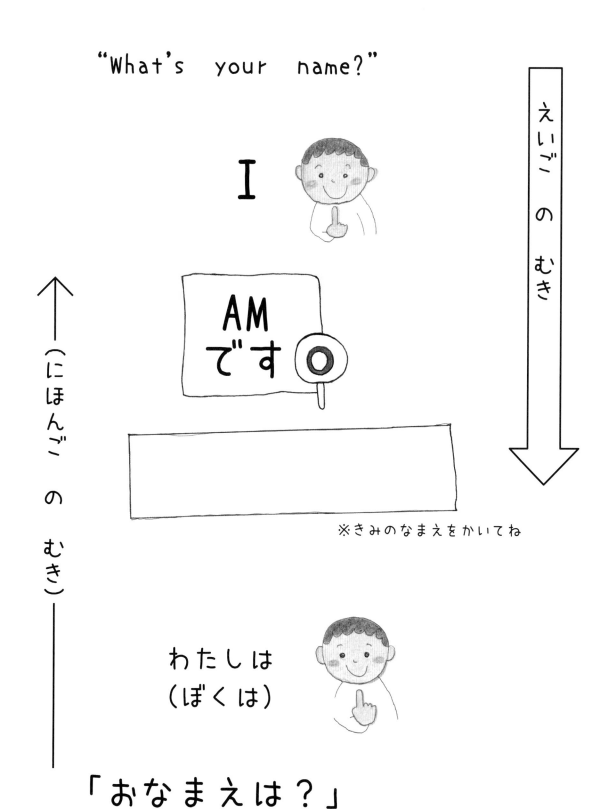

きみの　なまえは　すてきだね。

つぎは　だいすきな　ひとたちと
「きもちの　おはなし」をしてみよう。

ママは　いま　どんな　きもちなんだろう？
パパは？

きみの　きもちを　つたえると
まわりの　ひとも
きみの　ために　なにが　できるかを　かんがえやすいよね。

おなかがすいても　おこっちゃう？
ねむたくても　おこっちゃう？

それはね　きみの　きもちに
まだ　なまえが　つけられて　いないから。

じぶんの　きもちに　なまえが　つけられるように　なるとね
その　きもちの　ときには
どうすれば　いいのかが　だんだん　みえてくるからね。
だいじょうぶ。だいじょうぶ。

きみは　いま　どんな　きもち？

めには　みえない　こころの　きもちに
なまえを　つけてみようね。

"How are you?"

I

えいご の むき

↑
（にほんご の むき）

AM
（です）

AM NOT
（では ない）

HAPPY
たのしい

SAD
かなしい

SCARED
こわい

SHY
はずかしい

ANGRY
おこっています

SLEEPY
ねむたい

HUNGRY
おなかがすいた

THIRSTY
のどがかわいた

わたしは
（ぼくは）

「どんな きもち？」

なるほど。そうだったんだね！

おしえてくれて　ありがとう。
あしたも　おしえて　くれたら　うれしいな。

つぎは　「いろ」だよ。
きみは　なにいろが　すき？

すきな　ものが　つたわるって　うれしいよね。

だいすきな　きみと　みる　せかいは　きらきら
いろんな　いろで　あふれているね。

"What color do you like?"

I

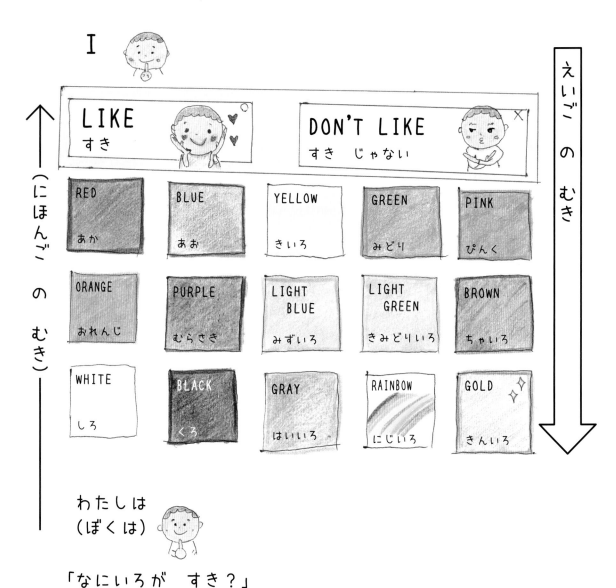

すきないろを　おしえてくれて　ありがとう。
すてきないろ　だよね。

きみは　なにかを　「したい」ときや「したくない」とき
どうしてる？

「あれがほしいな」とつたえると

まわりの　ひとが　いっしょに　さがしたり
いっしょに　あそんだりして　くれるよ。

みんな　きみと　なかよく　したいから

つたえてあげると　よろこぶよ。

きょうは　きみと　なにをして　あそぼうかな。

"What do you want?"

I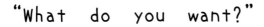

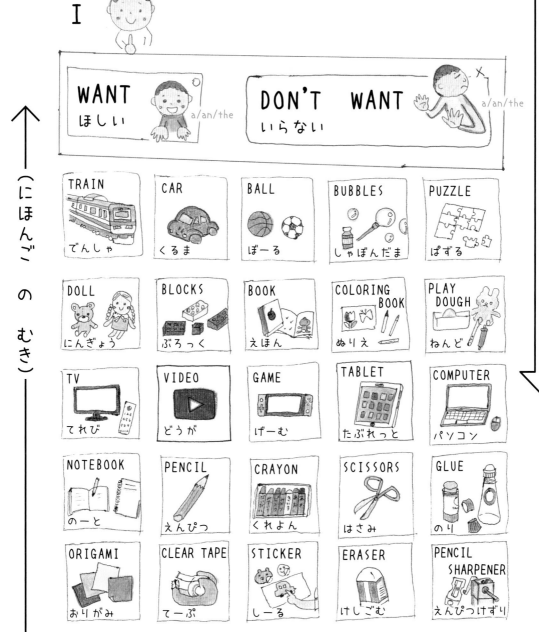

WANT ほしい a/an/the	**DON'T WANT** いらない a/an/the

TRAIN でんしゃ	CAR くるま	BALL ぼーる	BUBBLES しゃぼんだま	PUZZLE ぱずる
DOLL にんぎょう	BLOCKS ぶろっく	BOOK えほん	COLORING BOOK ぬりえ	PLAY DOUGH ねんど
TV てれび	VIDEO どうが	GAME げーむ	TABLET たぶれっと	COMPUTER パソコン
NOTEBOOK のーと	PENCIL えんぴつ	CRAYON くれよん	SCISSORS はさみ	GLUE のり
ORIGAMI おりがみ	CLEAR TAPE てーぷ	STICKER しーる	ERASER けしごむ	PENCIL SHARPENER えんぴつけずり

えいご の むき

（にほんご の むき）

わたしは
（ぼくは）

「なにが ほしい？」

いっぱい　おはなし　できたね。たのしいね。

すこし　つかれたね。
つかれたときは　みんなで　ごはんを　たべるよね。

かぞくや　たいせつなひとの　かおを　みて
ごはんを　たべるじかんは
きみの　こころや　のうを
もっともっと　せいちょうさせて　くれる　たいせつな　じかんなんだ。

おいしいときの　かお。

まずいときの　かお。

わらったときの　かお。

ごはんの　じかんは
じぶんじゃない　ひとたちの
「かお　と　きもち」をしるための
たいせつな　じかん　だったんだね。

さあ　きみは
だいすきな　みんなと　なにを　たべるかな？

"What do you eat?"

I

えいご の むき

↑ (にほんご の むき)

EAT たべる a/an/some	DON'T EAT たべない a/an/any

RICE ごはん	BREAD パン	BANANA ばなな	HAMBURGER はんばーがー	SANDWICH さんどいっち
FISH さかな	MEAT おにく	RAMEN らーめん	SPAGHETTI すぱげってぃ	CURRY AND RICE かれー
OMELET RICE おむらいす	FRENCH FRIES ぽてと	BENTO おべんとう	VEGETABLES やさい	FRUITS くだもの
CAKE けーき	ICE CREAM あいす	PUDDING ぷりん	YOGURT よーぐると	SNACKS おかし

わたしは
(ぼくは)

「なにを たべる？」

19

おいしかったね。
きみは　いろいろな　ものが　たべられるんだね。

たべたり　うごいたり　すると　のども　かわくよね。

きみは　なにを　のむ？

ジュースは　おいしい　けれど
あまいから　のみすぎないように　きをつけようね。

たいせつな　きみが　びょうきに　なったら
ママや　パパ　きみのことが　だいすきなひとたちは
とても　かなしく　なっちゃうんだ。

ママやパパたちのきもち　わかってくれて
「ありがとう」。

"What do you drink?"

I

DRINK
のむ
a glass of/some
(cup, bottle)

DON'T DRINK
のまない
any

WATER	MILK	COFFEE	TEA	COCOA
みず	ぎゅうにゅう	コーヒー	おちゃ	ここあ

COLA	APPLE JUICE	ORANGE JUICE	SODA	YOGURT DRINK
コーラ	りんごじゅーす	みかんじゅーす	たんさん	よーぐると

えいご の むき

（にほんご の むき）

わたしは
（ぼくは）

「なにを　のむ？」

のども　すっきり　きもちが　いいね。

げんき　いっぱいに　なったから
「おきがえ」をして　からだを　うごかそう。

きみは　なにを　きる？

じぶんで　えらぶって　うれしいよね。

まいにち　おきがえを　するから
きみの　すきを　たくさん　つたえる　ちゃんす　だね。

ひとりで　きめられない　ときだって　だいじょうぶだよ。

「うーん。まよっちゃうねー」と
いっしょに　かんがえてくれる　ひとがいれば
それだけで　きみの　のうは　うれしくなるんだ。

そして　きめられない　その　きもちに
「まよっている」と　あたらしい　なまえを
つけることだって　できるんだ。

まいにちが　きみと　ぼくの　ぼうけん　なんだ。

"What do you wear?"

I

よーし。じゅんびおっけー　だね。

えほんを　もって　しゅっぱつだ。

どこに　いく？

あんぜんな　おうちから
しげきが　いっぱいの　そとに　でて
いきたいばしょまで　あんぜんに　いく。

そして　あんぜんに　かえってくる。

おでかけや　おさんぽは　きみの　のうを　つよくしてくれる
たいせつな　れんしゅうに　なるんだ。

あぶない　ばしょは
おとなと　しっかり　てをつないで

ぼうけんに　でかけよう。

"Where do you go?"

I

GO
いく
to the/a/an

DON'T GO
いかない
to the/a/an

えいご の むき

（にほんご の むき）

HOME
おうち

SCHOOL
がっこう

PARK
こうえん

STORE
おみせ

HOSPITAL
びょういん

STATION
えき

KITCHEN
キッチン

TOILET
トイレ

RESTAURANT
レストラン

LIVING ROOM
リビング

BEDROOM
ねるへや

BATHROOM
おふろ

わたしは
（ぼくは）

「どこに いくの？」

やっぱり　ぼうけんって　たのしいね。
わくわく　するね。

おそとには　すてきなもの　や　かっこいいものが
たくさん　あるよね。

きみが　みつけた　すてきな　ものを
だれかと　いっしょに　みられると
もっと　うれしくなっちゃうね。

きみは　なにを　みつけられるかな？

あそこに　なにが　ある？

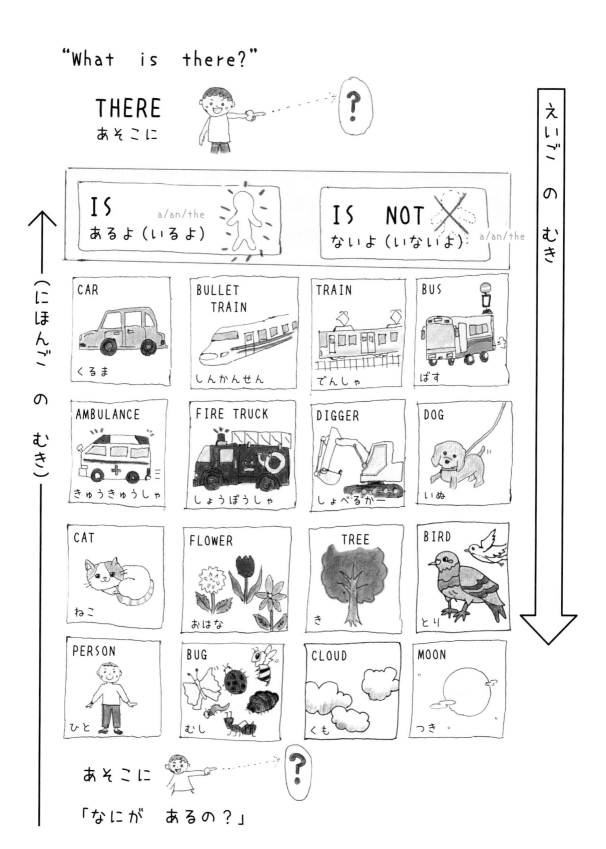

"What is there?"

THERE
あそこに

IS
あるよ（いるよ）
a/an/the

IS NOT
ないよ（いないよ）
a/an/the

えいご の むき

（にほんご の むき）

CAR
くるま

BULLET TRAIN
しんかんせん

TRAIN
でんしゃ

BUS
ばす

AMBULANCE
きゅうきゅうしゃ

FIRE TRUCK
しょうぼうしゃ

DIGGER
しょべるかー

DOG
いぬ

CAT
ねこ

FLOWER
おはな

TREE
き

BIRD
とり

PERSON
ひと

BUG
むし

CLOUD
くも

MOON
つき

あそこに

「なにが あるの？」

27

きみが　みている　せかいって
こんなに　すてき　なんだね。

とりさんや　ねこさんが　いるね。
それは　どんな　かんじかな？

それは　おおきい　ねこ　かな。
それとも　ちいさい　ねこ　かな。

もう　きみは　つたえることが　じょうずに　できるから
どんな　かんじだったかも　つたえてみると
もっともっと　きみの　こころが　つたわるよ。

おなじ　ねこを　みたのに
ママは　こわい　と　おもっていたり
きみは　かわいい　と　おもっていたり。

おなじものを　みていても
ひとの　きもちは　ちがうことも　あるんだよ。

みんな　ちがうから
せかいは　とっても　おもしろいね。

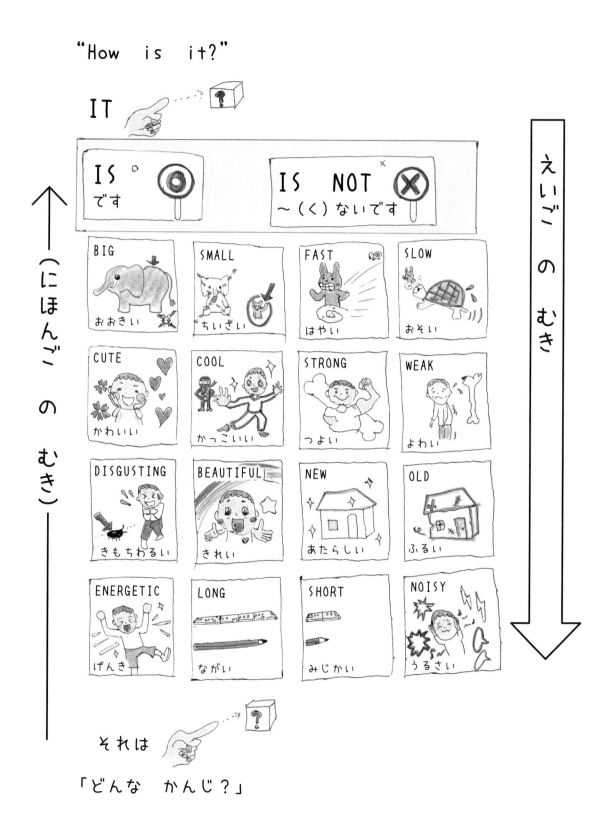

"How is it?"

IT

IS です

IS NOT ×
〜（く）ないです

BIG おおきい	SMALL ちいさい	FAST はやい	SLOW おそい
CUTE かわいい	COOL かっこいい	STRONG つよい	WEAK よわい
DISGUSTING きもちわるい	BEAUTIFUL きれい	NEW あたらしい	OLD ふるい
ENERGETIC げんき	LONG ながい	SHORT みじかい	NOISY うるさい

えいご の むき

（にほんご の むき）

それは

「どんな かんじ？」

きょうも　よく　がんばっているね。

だれかと　くらべる　よりも
「ちいさな　へんかを　よろこべる」
そんな　いきかたが　ぼくらを　つよくしてくれる。

だから　まだ　じょうずに　できなくても　だいじょうぶ。
「うまくなりたいと　なんども　がんばれたこと」を
たくさん　ほめて　もらおうね。

おとなになるほど　ぼくらは　ちょうせんしたり　かわることに
こわがりに　なってしまう　けれど
きみの　となりには　このほんを　いっしょに　よんで
いっしょに　かわろうと　がんばる　すてきな　おとながいる。

そんな　ひとたちの　「やさしいこえ」や「あたたかさ」が
きょうも　こわがりな　ぼくらに
あしたを　いきる　ための　ゆうきを　くれるんだ。

だから　さいごに

せかいで　いちばん　あたたかい　こえを　とどけてあげようね。
いくよ。せーの！

"Who do you love?"

I

LOVE
だいすき

MOMMY	DADDY	GRANDMA	GRANDPA
 まま	 ぱぱ	 おばあちゃん	 おじいちゃん
SISTER	BROTHER	TEACHER	YOU
 おねえちゃん・いもうと	 おにいちゃん・おとうと	 せんせい	 あなた

↑（にほんご の むき）—

わたしは
（ぼくは）

「だれが だいすき？」

著者プロフィール

あいば しづか／文・絵

愛知県刈谷市出身・二児の母
南山大学在学中にロンドンへ語学留学、その後、英語講師を務める
元つみきの会セラピスト・認定ABAセラピスト
チャイルドカウンセラー
愛知県大府市「小さなことばの教室」を営みながら、
豊明市を拠点に全ての親子のもうひとつの居場所
「子育てサロンふりぃ」を主催

参考文献

「育脳家族」（久保田競・久保田カヨ子著、NTT出版）
「才能の正体」（坪田信貴著、幻冬舎）
「100万人が信頼した脳科学者の絶対に賢い子になる子育てバイブル」（ジョン・メディナ著、ダイヤモンド社）

英語監修：The Storytime Studio学びの森　石垣聖美　https://www.thestorytimestudio.com

あとがき

　最後に、『ビリギャル』著者、坪田信貴先生にこの場を借りてお礼を申し上げます。約8年前、親子の「日常で英語を育てよう」という私の投稿をご覧いただいたことがきっかけで、光栄にも、脳科学の第一人者、久保田競先生をお招きした当時の坪田塾講師の方々のための勉強会にご招待いただいたことがありました。その日の、親子の関わりが脳に与える影響力や親子の日常のすばらしさに改めて気づき学ばせていただいたあの時間がなければ、「日常で言葉と脳を育てよう」というこの絵本が誕生することはなかったと確信しています。この絵本が、子育てを毎日頑張る皆様にとって、「未完を楽しむ」子育て、脳育ての新習慣を始めるきっかけとなれたらとても嬉しいです。ゆっくり、ゆっくり、大丈夫です。

きみがだいすき1・2・3

脳が喜ぶ親子の指さしコミュニケーション　英語・日本語3語文

2024年5月15日　初版第1刷発行

文・絵　あいば しづか
発行者　瓜谷 綱延
発行所　株式会社文芸社
　　　　〒160-0022　東京都新宿区新宿1−10−1
　　　　　　　　　電話　03-5369-3060（代表）
　　　　　　　　　　　　03-5369-2299（販売）

印刷所　株式会社暁印刷